LES

HUILES D'OLIVE

ET LE

TARIF DES DOUANES

GRASSE

IMPRIMERIE E. IMBERT & Cⁱᵉ

1891

LES

HUILES D'OLIVE

ET LE

TARIF DES DOUANES

I.

Un nouveau pouvoir public s'est constitué à
Nice, qui dédaignant les conditions vulgaires d'éli-
gibilité, s'est nommé lui-même et s'est donné le
mandat de défendre à sa façon les intérêts économiques du département des Alpes-Maritimes. Il
envoie des délibérations, où il affirme audacieuse-
ment que personne, dans notre région, ne demande de protection pour les huiles d'olive, alors
que les Sociétés d'agriculture des Alpes-Maritimes
et du Var et plus de cent conseils municipaux
de ces deux départements ont pris, au contraire,
des délibérations régulières pour réclamer sur
ces huiles, un droit protecteur équivalant à ceux
de tous les autres produits agricoles. Sous pré-
texte que notre département ne produit pas le
blé, le vin, la viande nécessaires à sa consommation, et que, par conséquent, il trouverait
avantage au libre-échange absolu, le Comité ré-
clame l'abolition de tout droit de douane sur tous
les produits, à commencer par les huiles d'olive,
la seule denrée que notre région produise en

abondance et qu'elle puisse fournir au reste de la France. Ces singuliers défenseurs de nos intérêts économiques espèrent-ils sérieusement que les représentants des départements producteurs de blé, de vins, de bétail, etc., qui réclament hautement des tarifs encore plus favorables que ceux très élevés qu'ils ont déjà obtenus, se laisseront toucher par l'éloquence du Comité niçois et renonceront à leurs prétentions pour lui être agréables ? Ils ne sont pas assez naïfs pour le croire, et ils savent bien que leur campagne générale n'aura pas d'autre effet que celui d'un coup d'épée dans l'eau. Les dernières élections législatives, qu'on le veuille ou non, ont fait arriver à la Chambre une majorité protectionniste, et ce ne sont pas les plaintes du Comité niçois qui pourront la changer. Mais les représentants des départements protectionnistes donneraient très-volontiers au Comité la satisfaction de ne pas mettre de droit ou de ne mettre qu'un droit insignifiant sur les huiles d'olive qu'ils ne produisent pas ; ce serait tout bénéfice pour eux. Quant à nous, nous continuerions à acheter à des prix élevés le pain, le vin, la viande et tout ce que nous ne produisons pas, et à vendre à vil prix la seule denrée que nous produisons.

Voilà le but réel que poursuit le soi-disant Comité de défense de nos intérêts économiques en combattant les intérêts de cent mille cultivateurs et propriétaires d'oliviers de notre département pour favoriser ceux d'une vingtaine de négociants de Nice, membres naturellement du dit Comité, qui ne produisent ni ne fabriquent absolument rien, mais achètent à Bari la plus grande partie des huiles qu'ils revendent ensuite comme huiles de Nice, et profitent des bas prix de l'Italie pour écraser les cours des huiles du pays.

Si pourtant un produit a besoin d'une protection efficace, même exceptionnelle, c'est à coup sûr l'huile d'olive.

La culture de l'olivier est, en effet, essentiellement manuelle et exige un très grand nombre d'ouvriers agricoles. Tout s'y fait à la main : le labour, la taille des arbres, et surtout la cueille des olives. Or comment un pays où la journée d'homme vaut 2 fr. 50 à 3 fr., la journée de femme 1 fr. 50 à 2 fr. pourrait-il soutenir la concurrence contre Italie, où la journée d'homme vaut à peine 1 fr. et la journée de femme 60 centimes ?

Il est évident que, dans ces conditions, si la culture de l'olivier n'est pas sérieusement protégée, elle doit disparaître de France. C'est ce qu'elle a déjà commencé à faire, et l'on voit couper des oliviers de tous côtés.

II.

Quel devrait être le droit de douane sur les huiles d'olive ? La Société d'Agriculture de Nice, qui a une autorité beaucoup plus sérieuse, et qui est beaucoup plus soucieuse des véritables intérêts de notre région que le Comité de défense des intérêts.... italiens (1), en a fixé le chiffre à 30 fr. pour le tarif maximum et 25 fr. pour le tarif minimum. Ce taux paraît seul raisonnable. En prenant pour base, en effet, la valeur moyenne des huiles d'olive qui varie de 100 à 200 fr. les 100 kilogr., il représente une protection de 20 0/0. C'est à peu près ce que l'on accorde au

----

(1) M. Bonfiglio, auteur du rapport du Comité adressé aux députés, est un des propriétaires du *Pensiero de Nice.*

blé, au bétail, aux huiles de graines (1). C'est moins que l'on n'accorde aux vins, à l'alcool, etc. etc. C'est une proportion équitable et que le consommateur supporte sur tous les produits. On ne s'explique point pourquoi il y aurait une seule exception sur l'huile d'olive, qui est, en définitive, un produit de luxe.

Il y aurait d'ailleurs un moyen fort simple de soulager le consommateur; ce serait de supprimer le doit d'entrée de 6 à 12 fr. établi par la loi du 31 décembre 1873 sur les huiles de toute sorte, et d'augmenter d'autant le droit de douane. De cette manière, ou percevrait à la frontière, sur le produit étranger, ce qu'on ne percevrait plus à l'intérieur.

Il ne faudrait pas croire, en effet, que l'imposition d'un droit de 25 à 30 fr. sur les huiles fût un obstacle à leur importation. Les conditions économiques de la culture italiénne sont telles que, nonobstant ce droit, elle pourrait encore soutenir avantageusement la concurrence. Nous en avons la preuve dans le dernier rapport du directeur des douanes des Alpes-Maritimes. Il constate qu'en 1889, année pendant toute la durée de laquelle a été mis en vigueur le droit de 15 fr. sur les huiles d'olives provenant d'Italie, l'importation s'est élevée à 6,451,735 kilogr., tandis qu'en 1888, elle s'était élevée seulement à 5,835,252 kilogr. Il contient en outre cette phrase instructive : « Les « huiles accusent une augmentation de plus de

(1) Nous cherchons vainement la raison qui a pu faire porter les huiles d'olives, dans le projet du tarif général, au droit dérisoire de 6 fr., alors qu'on inscrivait à côté, pour les huiles de graines qui valent moitié moins, un droit de 13 fr. Qu'ont donc fait les producteurs d'huiles d'olive pour être ainsi ouvertement traités en parias par le Gouvernement ?

« 600,000 kilogr. provenant de l'abondance de la
« récolte des olives en Italie. *Les Négociants de la*
« *région ont pu faire des approvisionnements à des*
« *conditions exceptionnelles de bon marché.* »

Peut-on vouloir une preuve plus péremptoire
qu'un droit de 25 à 30 fr. est indispensable pour
protéger sérieusement les huiles d'olive, et que
le droit de 15 fr., qui vient déjà d'être expéri-
menté, est insuffisant ? Que dire alors de celui de
6 fr. proprosé par le projet de tarif général !

III.

Pour que l'agriculture de notre région soit ainsi
maltraitée, pour qu'elle soit victime d'un déni de
justice aussi exceptionnel, il semblerait qu'elle
doit avoir contre elle des intérêts bien puissants
et bien respectables. Nous allons passer en revue
ses deux principaux adversaires, les négociants
d'huiles de Nice et les fabricants de conserves de
poissons, ainsi que leur mobiles.

Nous avons déjà parlé des négociants de Nice.
Il nous sera facile de démontrer que leur opposi-
sition n'est même pas fondée sur un intérêt
positif. En effet, ils expédient leurs huiles en
France ou à l'étranger : dans le premier cas, ils
n'ont pas à craindre qu'une majoration de prix de
15 à 20 0/0 réduise sensiblement la consommation,
surtout si le gouvernement supprimait le droit
d'entrée, qui, indépendamment d'une charge de
6 à 12 fr. entraine des formalités toujours gê-
nantes. Ils n'ont pas à craindre que les consom-
mateurs s'adressent de préférence à l'étranger,
ainsi que le disait dernièrement un négociant du
comité, puisque l'huile étrangère supporterait
sûrement et entièrement, dans ce cas, le droit de

douane, tandis que l'huile achetée en France peut en être exempte en partie, comme nous le prouverons tout-à-l'heure.

Dans le second cas, le négociant qui exporte les huiles italiennes à l'étranger, après les avoir épurées, a la faculté de demander l'admission temporaire, ou l'entrepôt, ce qui le dispense de tout droit. C'est une formalité qui l'astreint à une certaine gêne, il est vrai : mais il n'est pas admissible que pour épargner une gêne à une vingtaine de négociants, on ruine l'agriculture de toute une région. D'ailleurs l'épuration de l'huile italienne ne va généralement pas sans le mélange d'une certaine quantité d'huile française : il resterait donc au négociant une égale quantité d'huile italienne qui n'aurait pas payé de droit, ce qui lui permettrait de la vendre en France à de meilleures conditions que ne pourrait le faire un marchand italien.

On a dit encore, il est vrai, que l'aggravation du tarif douanier pourrait amener des représailles de la part des autres pays et entraîner la majoration des droits qu'ils perçoivent sur nos produits. Mais il est facile de faire remarquer que les pays étrangers ne se préoccuperont pas exclusivement des huiles, et que s'ils ont à augmenter leurs tarifs pour répondre à l'augmentation du tarif français, qui porte sur tous les articles, ils le feront tout aussi bien si les huiles sont comprises dans l'augmentation que si elles n'y sont pas.

Tout cela n'est pas sérieux.

Des adversaires qui ont un intérêt beaucoup plus sérieux et positif à l'absence ou à l'insignifiance du droit de douane sur les huiles d'olive, et aux agissements desquels nous devons probablement le traitement aussi injuste que scandaleux dont notre agriculture régionale est la

victime, ce sont les industriels qui fabriquent les
conserves de poissons, notamment celles de sar-
dines à l'huile. Pour eux, il y a évidemment intérêt
à acheter l'huile d'olive au plus bas prix possible.
Comme acheteurs, ils sont fervents libre-échan-
gistes. Mais lorsqu'il s'agit de vendre leurs conserves, ils deviennent des protectionnistes féroces,
réclament des droits de douane exorbitants et
obtiennent du Gouvernement un droit de 30 fr.
par 100 kilogr. Ils veulent bien acheter nos huiles
sans payer de droit de douane, mais ils veulent
nous la revendre avec une protection de 30 fr.
lorsqu'ils l'ont fait bouillir et mettre en boites.

Une pareille prétention devrait-elle être admise?

Que l'on protège les fabricants de conserves et
les pêcheurs par un droit protecteur de 30 fr. les
100 kilogr. qui représente presque la moitié de la
valeur du poisson, nous n'y voyons pas grand
inconvénient. Mais qu'on protège également les
producteurs de l'huile d'olive qui entre pour une
bonne part dans la conserve.

IV.

Il ne faudrait pas croire que l'huile d'olive
coule d'une source et que sa production n'exige
pas d'autre travail que de la mettre en bouteilles.
Aucune culture, aucune industrie n'exigent autant
de travail manuel.

Ce ne serait pas, en effet, le cas de nous opposer
l'argument ressassé que la protection ne favorise
que les grands propriétaires. Il n'y a pas, chez
nous, de grands propriétaires d'oliviers. La propriété est morcelée en parcelles de 2 hectares en
moyenne, sur chacune desquelles vit, ou plutôt
vivait autrefois une famille de métayers, occupée

tout entière à la cultiver. Encore n'y suffisait-elle pas, et la cueille des olives faisait-elle descendre une grande partie des populations de la montagne, qui trouvaient dans nos campagnes, en même temps qu'un climat moins rude, du travail pour tout l'hiver.

Est-ce que tous ces travailleurs ne sont pas aussi intéressants et n'ont pas droit à la même protection que ceux qui produisent le blé, le vin, le bétail, les conserves alimentaires et tous les autres produits quelconques ?

Et que dire du petit propriétaire ! Autrefois, à l'époque de la confection du cadastre, l'hectare d'oliviers valait dix mille francs et rapportait en proportion ; l'huile d'olive était alors protégée contre la concurrence étrangère par des droits protecteurs de 40 et 50 fr. les 100 kilogr., et la main-d'œuvre était moitié moins chère qu'aujourd'hui. La terre plantée d'oliviers a été imposée sur cette base, et la contribution a atteint, en certains endroits, jusqu'à 50 fr. par hectare. Cette imposition est restée, mais la valeur et le produit de la terre ont baissé dans des proportions effrayantes.

A la suite d'une longue série de mauvaises récoltes et de la baisse constante du prix des huiles d'olive, conséquence du traité de commerce avec l'Italie, la plupart des métayers ont abandonné les immeubles sur lesquels ils ne pouvaient plus vivre, et sont allés augmenter le nombre des ouvriers des villes ; les propriétaires ont négligé leurs biens ainsi abandonnés ; — ils se seraient ruinés un peu plus vite, s'ils avaient voulu les faire soigner ; — et la propriété d'oliviers est devenue presque sans valeur aujourd'hui. Les nombreuses ventes par expropriation forcée qui se poursuivent devant les tribunaux en sont la preuve. Tels immeubles qui valaient encore 25,000 fr. il y a trente ans, sur lesquels le Crédit Foncier a consenti des prêts de 10,000 fr., atteignent à peine aujourd'hui un prix de 4,000 fr. C'est un fait qu'il est facile de vérifier.

La propriété d'oliviers produit à peine de quoi payer ses impôts : de tous côtés on coupe les arbres pour en vendre le bois et essayer une culture moins ingrate ; nos villes du littoral se chauffent avec le bois d'olivier : c'est un fait patent.

Il n'est que temps d'accorder une protection efficace à l'oléiculture, si l'on ne veut pas sa disparition et la ruine des populations dont elle faisait autrefois la richesse.

Tant que nous étions liés par les traités de commerce, tant que les autres produits agricoles n'étaient pas protégés, nos populations ont souffert en silence, ne pouvant rien changer au régime établi. Elles avaient au moins la consolation, si elles vendaient leurs huiles à bas prix, d'acheter également à bas prix : le pain, le vin, la viande et tous les autres objets nécessaires à la vie. Mais, aujourd'hui, la protection accordée à ces produits en a fait augmenter le prix de près d'un quart ; la viande, notamment, a atteint chez nous le prix exorbitant de 2 fr. par kilogr. pour le bœuf, de 2 fr. 50 pour le mouton. Il n'est pas possible qu'on impose à nos populations de pareilles charges sans leur accorder au moins la seule compensation quelles puissent obtenir (1).

(1) — Le comité de défense, qui a fait un compte assez fantaisiste d'après lequel notre département payerait à la douane 12 millions par an, parle bien de compensations à demander au gouvernement, dans le cas certain où les

En ne le faisant pas, le projet de tarif général présenté par le gouvernement a commis une iniquité à notre égard.

Nous supplions les représentants de notre département et ceux des départements voisins, dont l'olivier constitue aussi la principale ressource, de demander pour les huiles d'olives une protection équivalente à celle accordée à tous les autres produits agricoles et industriels. Le maintien du droit dérisoire de 6 fr. dans les circonstances actuelles, n'aurait pas seulement pour effet d'achever la ruine de notre agriculture, mais encore celui de nous faire considérer comme des jobards dupés par les malins qui prêchent le libre-échange, pour les produits des autres et obtiennent la protection pour leurs propres produits.

Les journaux de Nice et le soi disant comité de défense des intérêts économiques des Alpes-Maritimes feraient bien mieux de les imiter, que de se poser en Dons Quichottes du libre-échange et de vouloir lutter contre les moulins à vent.

---

droits de douane ne seraient pas abolis. Mais il n'indique pas la nature de ces compensations. Songerait-il à demander une inscription de rente pour chaque niçois ? Après la demande d'une zône spéciale, on ne voit plus guère que celle-là de possible.

Voici le texte de la délibération des conseils municipaux dont il est parlé dans les lignes qui précèdent :

Commune d..

M. le Maire expose que l'échéance prochaine de l'expiration des traités de commerce et du remaniement de notre tarif général des douanes appelle la sollicitude du conseil.

En vue de cet évènement, le gouvernement a déjà demandé leur avis aux Chambres de commerce et aux Chambres consultatives des Arts et Manufactures, lesquelles ont répondu en lui faisant connaître leurs vues et desiderata En même temps, un certain nombre de Sociétés agricoles ont spontanément adressé au Ministre l'expression des besoins et des réclamations de l'agriculture.

Il appartient aux Conseils municipaux des communes rurales, organe naturel des intérêts des populations dont l'agriculture est la principale, pour ne pas dire l'unique ressource, de participer à cette grande enquête. Quoique n'étant pas officiellement consultés, leur voix ne peut manquer d'être entendue et leurs réclamations de peser d'un grand poids dans les décisions des pouvoirs publics.

La culture de l'olivier, qui tient dans notre région une si grande place et qui apportait autrefois le bien-être et l'aisance au sein de nos populations, subit depuis longues années une crise grave. Non seulement elle a à combattre les fléaux naturels qui l'accablent, mais encore elle a à lutter contre la concurrence des huiles d'olive étrangères et des huiles de graines exotiques qui viennent écraser ses produits sur nos marchés.

L'oléiculture nationale grevée de lourds impôts, ayant à faire face aux exigences d'une main-d'œuvre très chère, est réduite à l'impossibilité de soutenir la lutte contre ces huiles et ces graines oléagineuses étrangères.

introduites en franchise grâce au régime douanier actuellement en vigueur.

Cette cause de dépréciation, jointe à celles provenant des mauvaises récoltes, a grandement contribué à écraser une branche du travail agricole national autrefois très prospère. Les propriétés d'oliviers sont aujourd'hui incultes et abandonnées et la valeur du sol a subi une dépréciation énorme.

Si l'on veut prévenir une ruine complète, il est nécescaire d'accorder à l'oléiculture la protection juste et rationnelle que l'on accorde aux autres branches de l'agriculture. Je vous propose notamment de demander que les producteurs d'huiles d'olives soient traités avec la même sollicitude que les viticulteurs et qu'on établisse en faveur de leurs produits des droits en rapport de ceux qui ont pour but de protéger la production vinicole française. Le sort des populations adonnées à l'oléiculture étant aussi digne d'intérêt que celui des autres populations agricoles, il est permis de croire que les justes réclamations que nous élèverons en leur nom trouveront après du Parlement et des pouvoirs publics un accueil tout aussi bienveillant.

Je propose donc au Conseil de demander qu'à l'expiration des traités de commerce, les droits suivants soient inscrits au tarif général :

Huiles d'olive comestibles : 30 francs les 100 kilos ;
Huiles d'olive à fabrique : 15 francs les 100 kilos ;
Pulpes et marcs-d'olives non épuisés : 4 francs les 100 kilos ;
Olives fraîches : 8 francs les 100 kilos ;
Huiles de graines comestibles : 20 francs les 100 kilos ;
Huiles de graines à fabrique : 6 francs les 100 kilos ;
Graines oléagineuses, droits proportionnels à leur richesse oléagineuse.

Au cas où une délimitation en deux catégories, avec taxation d'après la valeur, pour chaque nature d'huile, ne serait pas admise et où l'on donnerait la préférence à un droit spécifique unique, nous demandons les taxes suivantes :

Huiles d'olive de toute nature : 25 francs les 100 kilos ;
Huiles de graines : 15 francs les 100 kilos,

Par contre, et pour accorder une compensation au consommateur, le droit d'accise sur les huiles d'olive qui est perçu actuellement dans toutes les villes où ces huiles ont à acquitter un droit d'octroi pourrait être supprimé, le Trésor devant trouver dans les taxes douanières que nous demandons bien plus que l'équivalent de cet impôt.

Le Conseil,

Ouï l'exposé de M. le Maire,

Considérant qu'avant les traités de commerce les huiles d'olive étrangères étaient imposées d'un droit de douane de 37 fr. 50 les 100 kilos et qu'avant cette époque l'oléiculture était prospère et florissante ;

Considérant qu'aujourd'hui par suite du bas prix des huiles étrangères la culture des oliviers est rendue impossible, et qu'une très grande partie des propriétés complantées en oliviers sont incultes et abandonnées ;

Prie instamment les Pouvoirs publics de venir en aide à l'oléiculture et demande que les huiles étrangères soient imposées à leur entrée en France des droits suivants :

Huiles d'olive comestibles : 30 francs les 100 kilos ;
Huiles d'olive à fabrique : 15 francs les 100 kilos ;
Pulpes et marcs d'olives non épuisés : 4 francs les 100 kilos ;
Olives fraîches : 8 francs les 100 kilos ;
Huiles de graines comestibles : 20 francs les 100 kilos ;
Huiles de graines à fabrique : 6 francs les 100 kilos ;
Graines oléagineuses, droits proportionnels à leur richesse oléagineuse.

Au cas où le Parlement refuserait d'admettre une délimitation en deux catégories inégalement taxées et se prononcerait pour l'application d'un droit spécifique unique pour chaque nature d'huile, le Conseil demande qu'il soit appliqué les taxes suivantes :

Huiles d'olive de toute nature : 25 francs les 100 kilos ;
Huiles de graines : 15 francs les 100 kilos.

Considérant aussi que les fraudes portent un vrai préjudice au commerce des huiles et nuisent à leur vente, le Conseil demande que le Gouvernement promulgue dans le plus bref délai la loi sur la fraudes des huiles comestibles.

Ont adopté ces résolutions et pris régulièrement une délibération conforme les Conseils municipaux des communes oléicoles des départements des Alpes-Maritimes et du Var, dont les noms suivent :

ALPES-MARITIMES

Grasse.
Pégomas.
Antibes.
Biot.
Le Bar.
Châteauneuf.
Opio.
Roquefort.
Le Rouret.
Tourrettes.
Valbonne.
Cagnes.
La Colle.
Saint-Laurent-du-Var.
Saint-Paul-du-Var.
Villeneuve-Loubet.
Mandelieu.
Mouans-Sartoux.
Mougins.
La Roquette.
Cabris.
Peymeinade.
Saint-Cézaire.
Le Tignet.
Vence.
Carros.

Gattières.
La Gaude.
Saint-Jeannet.
Le Broc.
Auribeau.
Le Cannet.
Gilette.
Pierrefeu.
Toudon.
Falicon.
Trinité-Victor.
Contes.
Luceram.
Peillon.
Touet-de-l'Escarène.
Aspremont.
Castagniers.
La Roquette-sur-Var.
Saint-Blaise.
La Tour.
Tourettes-du-Château.
Colomars.
Malaussène.
Revest.
Bonson.

VAR

Toulon.
Draguignan.
Ampus.
Flayosc.
Aups.
Callas.
Bargemon.
Châteaudouble.

Claviers.
Figanières.
Montferrat.
Fayence.
Mons.
Montauroux.
Tanneron.
Saint-Paul.

VAR *(Suite)*

Bagnols.
Sainte-Maxime.
Ramatuelle.
Salernes.
Tourtour.
Tourves.
Besse-sur-Issole.
Gonfaron.
Pignans.
Cotignac.
Carcès.
Entrecasteaux.
Rians.
La Verdière.
Roquebrussanne.
Tavernes.
Fox Amphoux.
Sillans.
La Garde-Toulon.
Le Revest.
La Valette.

Saint-Cyr.
Bormes.
Cuers.
Pierrefeu.
Puget-Ville.
Carnoules.
Saint-Nazaire.
Solliés-Ville.
Solliés-Toucas.
Belgentier.
Lorgues.
Les Arcs.
Callian.
Néoules.
Rougiers.
Signes.
Moissac.
Trans.
Seillans.
Tourrettes.
La Motte.

GRASSE. IMPRIMERIE E. IMBERT ET Cie